국어도 풀고, **사회**도 풀고, **과학**도 풀고

논술? 장난이 아니라구~

논술은 흔히 말하는 '벼락치기'가 통하지 않습니다.

주어진 논제와 제시문을 정확히 파악하여 자신의 생각을 정리하여 한 편의 논리적인 글을 완성한다는 것은 벼락치기로 터득될 수 있는 것이 아니기 때문입니다.

논술은 생각하고, 읽고, 보고, 듣고, 느낀 바를 가치있게 표현하는 전체의 과정입니다. 이런 과정이 하루 아침에 완성될 수는 없는 것이지요.

하지만 논술을 억지로 원고지를 채워야 하는 머리 아픈 과정으로만 생각해서는 진짜 논술 실력을 키울 수 없습니다. 단순한 원고지 채우기가 아니라 스스로 사고하여, 자신의 생각을 정리하고 그것을 다른 사람에게 나타낼 수 있다면 여러분은 이미 논술의 모든 것을 터득한 것입니다.

지금부터 쉽고 즐거운 논술이 시작됩니다.

여러분은 그저 따라오기만 하면 되지만, 단기간에 자신의 실력이 눈에 띄게 늘지 않는다고 조급해 하실 필요는 없습니다. 팔굽혀펴기를 10번 하던 학생이 11번 하게 되는 것은 10번까지의 노력이 아니라 11번째의 마지막 필사의 몸부림 때문입니다. 논술도 그렇습니다. 실력이 늘지 않는 것 같고, 언제나 그 자리 같은 생각이 들어도 포기하지 말고, 끝까지 재미있게 생각하는 습관을 기르며 생각을 다듬어 가다 보면 분명히 논술 실력은 늘게 되어 있습니다.

이 책에서 배우게 될 이 세상의 많은 일들과 여러분 주변의 크고 작은 이야기들에 작은 관심만 기울여 생각하기 시작한다면, 여러분은 논술 영웅의 길로 들어선 것입니다. 「박학천 국어논술」과 함께 그 길을 가다 보면 어느 새 달라진 여러분 생각의 크기를 확인할 수 있을 것입니다.

지은이 **서울대 국어교육학 박사 박학천**

- 국어 사회 과학 + 독서 논술 토론 통합 프로그램입니다.
- 쉽고 부담 없는 자료를 편하게 따라만 가면 저절로 사고력, 독해력, 이해력이 자라는 검증된 프로그램입니다.

단원별 학습 목표 및 구성

week 01
발상사고혁명

실질적인 〈발상·사고〉 훈련
- 고정 관념을 깨고, 개성적인 사고를 기릅니다.
- 스스로 질문하고 비판하는 시각과 자세를 기릅니다.

week 02
교과서 논술 01

〈국어 능력〉 심화 학습
- 국어 교과서 선행 학습으로 단원의 핵심을 이해합니다.
- 수행평가, 논술형 문항으로 국어과 학습 능력을 키웁니다.

※ 교과서 활용 : 『말하기·듣기』 / 『읽기』

week 03
독서 클리닉

실질적인 〈읽기 능력〉 향상 훈련
- 억지로 읽기보다는 읽는 맛과 재미를 알려 줍니다.
- 비판적 읽기, 개성적 읽기로 글을 보는 안목을 키웁니다.

week 04
교과서 논술 02

〈국어 능력〉 심화 학습
- 국어 교과서 선행 학습으로 단원의 핵심을 이해합니다.
- 수행평가, 논술형 문항으로 국어과 학습 능력을 키웁니다.

※ 교과서 활용 : 『말하기·듣기』 / 『읽기』

병아리도 날 수 있다!

week 05
영재 클리닉 01

사회 교과서를 활용한 영재 심화 학습
■ 통합 교과 시대를 대비, 사회과 학습 테마를 논술로 연결시켜 쉽고 재미있게 초중고 학습 과정의 주요 주제와 쟁점을 알려 줍니다.

※ 교과서 활용 : 『바른 생활』 / 『사회』

week 06
교과서 논술 03

〈국어 능력〉 심화 학습
■ 국어 교과서 선행 학습으로 단원의 핵심을 이해합니다.
■ 수행평가, 논술형 문항으로 국어과 학습 능력을 키웁니다.

※ 교과서 활용 : 『말하기·듣기』 / 『읽기』

week 07
영재 클리닉 02

과학 교과서를 활용한 영재 심화 학습
■ 통합 교과 시대를 대비, 과학과 학습 테마를 논술로 연결시켜 쉽고 재미있게 초중고 학습 과정의 주요 주제와 쟁점을 알려 줍니다.

※ 교과서 활용 : 『슬기로운 생활』 / 『과학』

week 08
논술 클리닉

『쓰기』 교과서를 활용한 논술 훈련!
■ 쓰기 교과서로 쓰기 학습 능력을 키운 후, 생활문에서 본격 논술까지 자신 있게 자신의 견해를 글로 표현하도록 유도합니다.

※ 교과서 활용 : 『쓰기』

차례

발상사고혁명	키티는 왜 입이 없을까요?	**05**
교과서 논술 01	알고 싶어요 01	**13**
독서 클리닉	여우와 두루미가 착해졌어요!	**23**
교과서 논술 02	알고 싶어요 02	**33**
영재 클리닉 01	나 홀로 무인도에 가다	**43**
교과서 논술 03	느낌을 나누어요	**51**
영재 클리닉 02	나는 누구일까요?	**61**
논술 클리닉	나만의 재미있는 일기를!	**71**

책 속의 책 | **GUIDE & 가능한 답변들**

키티는 왜 입이 없을까요?

미피야, 너는 왜 코가 없니?

키티야, 네 얼굴에도 없는 게 있어.

키티는 (　　)이 없고 미피는 (　　)가 없네요.
키티가 (　　)이 있고 미피가 (　　)가 있다면 더 예쁠까요?

키티는 왜 입이 없을까요?

01 눈, 코, 입을 다 그려야 하나요?

1 아래 사진 속의 고양이를 그려 보세요.

2 이번에는 사진 속의 고양이를 귀엽게 그려 보세요.

※ 귀여운 고양이 키티에 대해 알아볼까요?

안녕~ 내 이름은 키티야~

- 생일 : 1974년 11월 1일
- 태어난 곳 : 영국 런던 교외
- 몸무게 : 사과 3개 정도의 무게
- 키 : 사과 5개 정도의 높이
- 꿈 : 피아니스트, 시인
- 좋아하는 색 : 빨간색, 분홍색, 하늘색
- 좋아하는 음식 : 사과파이, 핫케이크, 푸딩
- 취미 : 작고 귀여운 것을 모으고, 친구와 공원이나 사탕가게에 가는 걸 좋아해요.
- 성격 : 매우 활동적인 소녀 키티는 밖에서 노는 것도 좋아하고 책을 읽거나 피아노를 치는 것도 좋아한답니다.
- 키티의 특징 : 키티는 왼쪽 귀에 작고 귀여운 리본을 달고 있고, 공모양의 작은 꼬리가 달려 있어요.

3 키티는 왜 입이 없을까요?

4 실제 고양이와 키티의 다른 점은 무엇인가요?

02 키티의 입을 그려 주세요

1 입이 없는 키티에게 입을 그려 주세요.

2 코가 없는 미피에게 코를 그려 주세요.

잠깐! 어떤 키티가 더 예쁜가요?

입이 없던 키티에게 입이 생겼어요. 더 예뻐졌나요? 코가 없던 미피에게 코가 생겼어요. 미피의 코가 마음에 드나요?

03 마시마로, 푸우의 진짜 모습은?

마시마로 → 토끼

푸우 → 곰

1 마시마로와 토끼 중에서 누구와 친구가 되고 싶나요? 그리고 왜 친구가 되고 싶은지도 써 보세요.

2 푸우와 실제 곰이 어떻게 다른가요?

새롭게 생각해요!

01 아름다운 별

반짝반짝 작은별~

1 시에 나오는 것처럼 반짝반짝 아름다운 별을 그려 보세요.

아름다운 별

우리들 눈 속에서
반짝 빛나던 별이
하늘로 이사 갔어요.

이사 간 별들이
하늘에서 사이좋게
반짝반짝 빛나요.

02 즐거운 우리 집

1 즐거운 우리 집을 그려 보세요.

즐거운 우리 집

엄마 호호
아빠 하하
아기 방긋
나는 깔깔
웃음소리
넘치는 즐거운
우리 집을 그려요.

03 실제 별과 집은 이렇습니다!

※ 별은 다 똑같지 않고 여러 가지 모양을 하고 있어요.

※ 집 모양도 참 여러 가지랍니다.

잠깐! 비교해 보아요!

여러분이 그린 별과 실제 별이 어떻게 다른가요? 여러분이 그린 집과 실제 집은 어떻게 다른가요?

내 눈으로 보는 교과서

영수의 심부름

말하기 듣기

| 학습 목표 : 바르게 듣는 자세에 대해 알 수 있다.
바르게 들으면 좋은 점을 알 수 있다.

내용풀이

∗**중심 생각** 바른 자세로 듣기

∗**그림 내용**
(1) 영수는 텔레비전에 정신이 팔려서 어머니께서 무슨 말씀을 하시는지 듣지 못하고 있다.
(2) 가게에서 무엇을 살지 기억이 나지 않아서 머뭇거리고 있다.

1 영수는 가게에 왜 갔나요?

2 영수가 가게에 가서 골라야 할 것은 무엇인가요?

① 쌀　　② 라면　　③ 비누　　④ 두부　　⑤ 우유

3 영수는 왜 가게에 갔을 때 무엇을 살지 기억이 나지 않았나요?

① 걸어가다가 잊어버렸다.
② 친구를 만나서 잊어버렸다.
③ 딴 생각을 하다가 잊어버렸다.
④ 텔레비전을 보다가 잘 듣지 못했다.
⑤ 엄마 목소리가 작아서 듣지 못했다.

1 엄마는 오빠 고양이에게 동생을 유치원에 데려다 주라고 하셨어요. 그런데 오빠 고양이는 동생을 어떻게 했나요?

----

2 여러분은 어떤 심부름이 가장 하기 싫은가요?

내 눈으로 보는 교과서 02

정다운 우리 가족

읽기

| 학습 목표 : 글을 바르게 읽을 수 있다. '가족'에 대해 알 수 있다.

* **중심 글감** 우리 가족
* **글의 특징** 아버지, 어머니, 아기 순서대로 가족을 소개하고 있다.

낱말풀이

❶ **가족** : (어버이와 자식, 형제, 자매, 부부 등) 혈연과 혼인 관계 등으로 한 집안을 이룬 사람들의 집단

우리 가족

아버지,
우리 아버지.

어머니,
우리 어머니.

아기,
우리 아기.

어머니,
아버지,
아기,
나,
우리 가족.

1 이 글에서 '우리 가족'은 누구누구인가요?

_____

2 여러분의 가족을 생각해 보고, 빈 칸에 어울리는 말을 넣어 보세요.

① _____ 우리 가족

② _____ 어머니

③ _____ 아버지

3 다음 가족 사진에 <u>없는</u> 사람은 누구인가요?

① 나
② 아기
③ 어머니
④ 할머니
⑤ 아버지

1 '우리 가족'의 이름을 쓰고, 가족의 성격도 써 보세요.

03 재미있는 학교

읽기 | 학습 목표: **낱말을 바르게 소리 내어 읽을 수 있다.**

*중심 글감 친구, 선생님, 학교
*글의 특징 '우리'라는 단어가 주는 느낌을 알 수 있다. 친구와 선생님 그리고, 학교 앞에 붙기에 적당한 낱말을 배울 수 있다.

❶ 정다운 : 다정하고 따뜻하다.
❷ 고마우신 : 은혜를 입어 마음이 기쁘다.
❸ 즐거운 : 마음이 흐뭇하고 기쁘다.

우리는 하나

친구,
내 친구,
정다운 친구.

선생님,
우리 선생님,
고마우신 선생님.

학교,
우리 학교,
즐거운 학교.

나,
친구,
선생님.

모두 모여
우리는 하나.

1 밑줄 그은 '우리'에 들어가지 <u>않는</u> 것을 두 개 고르세요.

① 나   ② 친구   ③ 어머니
④ 선생님   ⑤ 강아지

2 다음 글을 읽고 물음에 답해 보세요.

⑴ 공부를 재미있게 가르쳐 주십니다.
⑵ 우리가 떠드는 것을 잘 아십니다.
⑶ _____

① 위에서 소개하는 사람은 누구일까요? (   )

② ⑶번 칸에 들어갈 말을 재미있게 적어 보세요.

3 서로 관계 있는 것끼리 줄로 이으세요.

① 즐거운 ·   ·

② 정다운 ·   ·

③ 고마우신 ·   ·

1 그림에 있는 □ 안에 알맞은 말을 넣어 보세요.

2 그림에는 없지만 우리 교실에는 있는 것을 써 보세요.

교실 안 물건들

1 우리 교실에 있는 물건들의 이름을 익히고, 그 낱말을 넣어 문장을 완성해 보세요.

①

칠판 → _____

(   )에는 분필로 글씨를 씁니다.

②

태극기 → _____

바람은 (   )를 펄럭이게 합니다.

③

걸상 → _____

책상과 (   )은 짝꿍입니다.

④

칠판지우개 → _____

(   )는 연필로 쓴 글씨를 지울 수 없습니다.

⑤

시계 → _____

(   )가 멈추어도 시간은 잘 흘러갑니다.

교과서 논술 Plus | 나는 이 사람이 좋아요

※ 친구를 만났다고 생각하고 내가 좋아하는 '유명한 사람' 이야기를 자유롭게 해 보세요.

안녕!
나는 _____ 라고 해.

나는 텔레비전에 나오는 사람 중에서
_____ (을)를 제일 좋아해.

왜냐하면...

인균이의 가족 소개

　내동생 영균이는 우리집 단무지다. 아빠가 단무지 없는 김밥은 싱겁고 영균이 없는 우리 집은 심심하다고 해서 지어진 별명이다.
　영균이는 글자 없는 그림책 보기를 좋아하고 엉뚱하고 재미있게 말하는 버릇이 있다. 그리고 내가 심부름 시킬 때만 '자기는 아기'라고 우기는 꾀돌이다.
　우리 아빠는 광고 회사에 다니신다. 아빠는 사람들이 광고만 나오면 다른 번호로 눌러 버리는 리모컨을 아주 싫어하신다. 그래서 우리 집에는 리모컨이 없다.
　아빠는 무척 바쁘시지만 내 친구들 이름과 우리 선생님 이름도 아신다. 아빠는 나와 영균이에게 관심이 아주 많다고 하신다. 나도 아빠에게 관심이 아주 많다.
　우리 엄마는 수영 선생님이다. 학생은 아줌마들인데 학생들이 말을 잘 안 들어서 스트레스를 많이 받으신다. 엄마는 영균이와 내가 책 읽는 모습을 볼 때 가장 행복하고, 우리가 아플 때 가장 속상하다고 말씀하신다.
　엄마는 빵 만드는 것이 취미라서 젤리를 넣은 빵, 마늘을 통째로 넣은 빵 등 여러 가지 빵을 만들어 주시는데 맛은 없다. 엄마가 빵집을 차린다고 할까 봐 걱정이 된다. 엄마가 계속 멋진 수영 선생님을 했으면 좋겠다.
　나는 유인균이다. 여덟 살이고 아프리카에 가 보는 게 꿈이라서 매일 지구본을 돌리고 또 돌려서 아프리카를 만져 본다. 아프리카에는 내가 좋아하는 야생 동물들이 많기 때문에 꼭 가보고 싶다. 나는 공부를 못 한다. 그렇지만 음악을 듣고 부르는 것은 아주 잘한다. 아프리카에 가서 아프리카 원주민들과 노래도 부르고 연주도 하고 싶다. 영균이가 빨리 자라서 날 졸졸 따라다니지 않았으면 좋겠고, 나도 빨리 자라서 아프리카에 갔으면 좋겠다.

여우와 두루미가 착해졌어요

두루미에게 필요한 것은 무엇일까요?
여우에게 필요한 것은 무엇일까요?

여우와 두루미가 착해졌어요

01 여우와 두루미 이야기

어느 날 여우가 두루미를 집에 초대했어요.
"오늘 우리 집에 놀러 와. 내가 맛있는 식사를 준비할게."
초대를 받은 두루미가 여우네 집 문을 두드렸어요.
"두루미야, 어서 들어 와!"
여우는 두루미를 식탁으로 안내하고 나서 넓적한 접시에 수프를 담아서 가져 왔어요. 부리가 긴 두루미는 도저히 수프를 먹을 수가 없었어요.
"왜 그러니? 수프가 맛이 없니?"
여우는 두루미의 수프까지 다 먹어 버렸어요. 결국 두루미는 아무것도 먹지 못하고 집으로 돌아왔어요.
며칠 후 이번에는 두루미가 여우를 초대했어요.
두루미는 주둥이가 긴 병에 음식을 담아 여우 앞에 놓았어요.
'이걸 나보고 어떻게 먹으라고?'
여우는 병 속으로 혀를 넣어 먹어 보려고 했지만 음식을 먹을 수가 없었어요.
결국, 여우는 아무것도 먹지 못하고 집으로 돌아왔습니다.

1 두루미는 왜 음식을 먹을 수가 없었나요?

① 이가 아파서
② 음식이 맛이 없어서
③ 음식이 너무 뜨거워서
④ 넙적한 접시에 음식이 나와서
⑤ 호리병에 음식이 들어 있어서

2 아래의 그림을 보고 여우가 먹기 편한 그릇에는 ○표를 하고, 두루미가 먹기 편한 그릇에는 △를 하세요.

(　　)　　(　　)　　(　　)

(　　)　　(　　)　　(　　)

3 여우는 왜 넓적한 접시에 스프를 담아서 두루미에게 주었을까요?

4 두루미는 왜 주둥이가 긴 병에 음식을 담아 여우에게 주었을까요?

_____

_____

5 여우와 두루미는 그 후에 어떻게 지내고 있을지 뒷이야기를 상상해 보세요.

02 마음 넓은 두루미

며칠 전 여우의 집에 초대받은 두루미는 여우가 차려 준 음식을 조금도 먹지 못하고 돌아왔어요. 여우가 두루미의 긴 부리를 생각하지 않고 넓적한 접시에 음식을 담아 주었기 때문이에요.

이번에는 두루미가 여우를 집으로 초대했어요. 여우는 두루미가 며칠 전 자기가 한 짓이 괘씸해서 골탕을 먹이려고 초대한 거라고 생각했어요. 그래서 주머니에 넓적한 접시를 준비해 갔어요.

두루미는 여우를 반갑게 맞이하고 식탁에 마주 앉았어요. 식탁에 앉은 여우는 깜짝 놀라서 얼굴이 빨갛게 변했어요. 식탁에는 여우가 먹기 좋도록 넓은 접시가 놓여져 있고, 접시 위에는 여우가 좋아하는 음식들이 가득 담겨져 있었기 때문이에요.

여우는 부끄럽고 미안해서 음식을 먹을 수가 없었어요. 그 때 두루미가 말했어요.

"여우야, 네가 날 초대한 날 난 내 긴 부리 때문에 음식을 먹을 수가 없었어. 나도 그런 실수를 할까 봐 너의 입 모양과 네가 좋아하는 음식들을 생각해서 상을 차렸어."

여우는 눈물을 글썽이며 말했어요.

"두루미야, 미안해. 난 네가 날 골탕 먹이려고 초대한 줄 알고 이렇게 접시까지 준비해 왔는데 두루미 너는 정말 마음이 넓구나. 다음에 주둥이가 긴 호리병과 네가 좋아하는 음식들을 준비해서 다시 널 초대할게."

둘은 얼굴에 따뜻한 웃음을 지으며 행복한 시간을 보내고 헤어졌습니다.

1 두루미가 넓은 접시도 준비하고 여우가 좋아하는 음식들로 상을 차린 이유는 무엇인가요?

2 내가 여우라면 두루미가 차려놓은 식탁을 보고 어떤 생각을 했을까요?

3 나라면 두루미처럼 행동할 수 있었을까요? 나의 마음을 자유롭게 이야기해 보세요.

03 두루미 스타 되다!

　우리 나라에는 '가는 말이 고와야 오는 말이 곱다.'는 속담이 있습니다. 이 말은 '나에게 잘 해 주는 사람에게 나도 잘 해 주게 된다.'는 뜻이 담겨 있습니다. 그러나 이 속담과 다르게 행동한 두루미가 있다는 소식을 듣고 그 두루미의 친구인 돌돌여우 군을 찾아가 보았습니다.

 : 안녕하십니까? 돌돌여우 군에게 아주 특별한 친구가 있다고 들었습니다. 어떤 친구인지 소개해 주시겠습니까?

 : 네, 저에게는 참두루미라는 특별한 친구가 있습니다. 제가 두루미를 집에 초대한 적이 있었는데, 그때 두루미는 그릇 때문에 아무것도 못 먹고 돌아갔어요. 그런데도 나를 미워하지 않고 내가 먹기 편한 그릇과 내가 좋아하는 음식을 준비해서 나를 초대했지 뭐예요.

 : 아주 멋지고 좋은 친구군요.

 : 예, 참두루미 군은 제가 저지른 잘못을 감동적으로 깨닫게 해 준 현명하고 마음이 넓은 친구랍니다.

 : 가는 말이 곱지 않았다고 오는 말까지 곱지 않으면 서로의 사이가 멀어지지만, 가는 말이 곱지 않았다 하더라도 오는 말이 고우면 돌돌여우 군과 참두루미 군처럼 사이 좋게 지낼 수 있게 된다는 가슴 푸근한 이야기였습니다.

1 돌돌여우는 두루미가 어떤 친구라고 말하였나요?

04 여우에게 숟가락을 주세요!

※ 다음 만화를 보고, 물음에 답하세요.

이번에는 두루미가 여우를 초대했어요.

1 여우는 수프를 먹기 힘든 두루미에게 무엇을 주었나요?

2 두루미는 고기국을 먹기 힘든 여우에게 무엇을 주었나요?

3 여러분이 만약 친구를 초대한다면, 어떤 준비를 해야 할까요?

잠깐! 숟가락과 빨대

원래 『여우와 두루미』이야기에서는 둘 다 음식을 먹지 못했어요. 그런데 바뀐 이야기에서는 여우는 숟가락을 준비하고, 두루미는 빨대를 준비해서 둘 다 음식을 맛있게 먹을 수 있었어요.

이렇게 친구를 초대할 때에는 초대받는 친구를 배려하는 마음이 있어야 한다는 것 잊지 마세요!

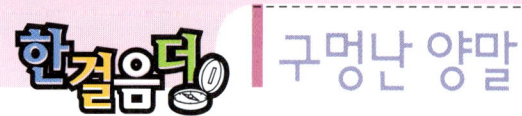 구멍난 양말

희열이의 일기

오늘 다혜가 자기네 집에 놀러 가자고 했다. 나는 갑자기 가슴이 콩닥콩닥 뛰었다. 내 양말에 구멍이 났는데 다혜가 자기네 집에 놀러 가자고 했기 때문이다. 양말에 구멍이 났는데 친구가 자기 집에 놀러 가자고 하면 콩닥콩닥 소리가 나는가 보다. 구멍난 양말을 친구들에게 보여 주기 싫어서 다혜에게 놀러 못 간다고 말했다. 이럴 땐 어떻게 하면 좋을까?

1 양말에 구멍이 났는데 친구가 자기네 집에 놀러 가자고 하면 어떻게 하는 것이 좋을까요?

2 내가 다혜라면, 양말이 구멍난 희열이를 위해 무엇을 해 줄 수 있을까요?

알고 싶어요 02

『말하기·듣기』·『읽기』

알고 싶어요~

재미있게 배워요

말하기 듣기

| 학습 목표 : 자신 있게 말하는 법을 알 수 있다.

내용풀이

* 중심 생각 자신 있게 말하기
* 그림 내용 바르게 말하는 방법을 산신령과 용이의 대화를 통해 알려 주고 있다.

낱말풀이

❶ 소원 : 무슨 일이 이루어지기를 바라는 것

1 용이는 왜 소원을 묻는 산신령을 쳐다보지 못했나요?

① 목이 아파서
② 쳐다보기 싫어서
③ 산신령이 싫어서
④ 잘 보이지가 않아서
⑤ 쳐다보기가 부끄러워서

2 이 그림에서 용이는 어떤 소원을 말하고 있나요?

3 산신령은 용이에게 자신 있게 말하려면 어떻게 해야 한다고 말하였을까요?

① 빠른 속도로 말해야 한다.
② 말끝을 흐리면서 말해야 한다.
③ 자신없는 목소리로 말해야 한다.
④ 고개를 숙이고 작은 목소리로 말해야 한다.
⑤ 듣는 사람을 바라보며 또박또박 말해야 한다.

4 다음 중 어떤 친구가 자신 있게 말하지 못하였나요?

① 은영 : 큰 소리로 말하였어요.
② 정인 : 또렷한 목소리로 말하였어요.
③ 경섭 : 말끝을 흐리지 않고 말하였어요.
④ 선희 : 부끄러워서 눈을 감고 말하였어요.
⑤ 현정 : 고개를 들고 또박또박 말하였어요.

※ 누군가 나에게 "네 소원이 무엇이냐?"고 물으면 나는 어떤 소원을 말할까요?

1 나는 _____ 을(를) 갖고 싶어요.

2 나는 _____ 을(를) 보고 싶어요.

3 나는 _____ 에 가고 싶어요.

4 나는 _____ 이(가) 되고 싶어요.

꿈꾸는 우리

읽기 | 학습 목표 : 받침이 있는 글자의 짜임을 알고, 글을 읽어 봅시다.

내용풀이

* 중심 글감 나의 꿈
* 중심 생각 화가가 되고 싶은 슬기의 꿈

낱말풀이

❶ 꿈 : 어른이 되어서 꼭 하고 싶은 일
❷ 화가 : 그림을 그리는 것을 일로 하는 사람

나의 꿈

나는 김슬기입니다.
나는 □□을 잘 그립니다.
나는 화가가 되고 싶습니다.

1 다음 중 밑에 'ㅁ'을 붙였을 때 낱말이 되지 <u>않는</u> 글자는 무엇인가요?
① 꾸 ② 가 ③ 바 ④ 끄 ⑤ 기

2 이 글의 □□ 안에 들어갈 알맞은 말을 써 보세요.

_____

3 이 글의 제목은 무엇인가요?

_____

4 슬기가 좋아하는 과목은 무엇일까요?
① 국어 ② 산수 ③ 미술
④ 음악 ⑤ 바른 생활

1 내가 알고 있는 직업을 모두 써 보세요.

2 위에 적은 직업 중에서 내가 해 보고 싶은 직업을 모두 써 보세요.

3 2번에 적은 직업 중에서 내가 하면 잘 할 거라고 생각하는 직업 두 가지만 써 보세요.

4 두 가지 직업을 고른 이유를 생각해 보세요.

내 눈으로 보는 교과서 03 읽기
즐거운 학교 가는 길

| 학습 목표 : 상상하면서 글을 읽을 수 있다.

※ '학교 가는 길'을 생각하면서 읽어 보세요.

* **글의 종류** 생활문
* **중심 글감** 학교 가는 길
* **글의 특징** '학교 가는 길'을 상상할 수 있다.

❶ 길 : 사람이나 차들이 다닐 수 있도록 만들어진 곳
❷ 아침 : 날이 새어서 아침밥을 먹을 때까지의 동안

학교 가는 길

아침입니다.
"어머니, 학교에 다녀오겠습니다."
수진이가 어머니께 인사를 합니다.
길에서 친구를 만납니다.
"수진아, 안녕?"
"진수야, 안녕?"
수진이는 진수와 함께
학교에 갑니다.

1 이 글은 하루 중 언제 일어난 일을 쓴 것인가요?

2 수진이는 어디에 가는 길인가요?
① 병원
② 유치원
③ 학교
④ 놀이터
⑤ 집

3 진수가 학교 가는 길에 만난 사람은 누구인가요?

4 수진이가 어머니께 인사를 했을 때 어머니께서 하신 말씀으로 어울리지 <u>않는</u> 것은?
① 손발 씻고 자렴.
② 학교 잘 다녀오렴.
③ 차 조심해서 다녀오렴.
④ 공부 열심히 하고 오렴.
⑤ 선생님 말씀 잘 들으렴.

5 글을 읽는 자세로 바르지 <u>않은</u> 것은?

① 허리를 곧게 폅니다.
② 의자에 바르게 앉습니다.
③ 글을 이해하면서 읽습니다.
④ 책을 눈 가까이에 두고 읽습니다.
⑤ 책과 눈과의 거리를 알맞게 합니다.

1 여러분의 '학교 가는 길'을 생각해 보세요.

① 학교 갈 때 부모님께 어떻게 인사하나요?

___

② 여러분은 누구와 함께 학교에 가나요?

___

③ '학교 가는 길'에 볼 수 있는 것에는 무엇무엇이 있나요?

___

___

내 눈으로 보는 교과서 04 읽기

큰 나무로 자라라

| 학습 목표 : 느낌을 살려 시를 읽을 수 있다.

* 글의 종류 시
* 중심 글감 아기 나무
* 글의 특징 '아기 나무'가 큰 나무가 되듯이 우리들도 자라면 무엇이 될지 상상해 볼 수 있다.

아기나무

어서어서 자라라,
아기나무야.
어서어서 자라라,
아기나무야.

아기나무 자라면
큰 나무 되지.
우리는 자라서
무엇이 될까?

1 이 글에서 두 번 이상 나오는 단어가 <u>아닌</u> 것은?

① 나무
② 우리
③ 아기
④ 자라라
⑤ 어서어서

2 이 글에서 가장 중요한 단어는 무엇인가요?

3 큰 나무는 무엇이 자라서 되는 것인가요?

1 나무는 우리들에게 참 많은 것을 주고, 우리는 늘 나무에게 받기만 하지요. 그런 '나무가 있어서 좋은 점' 세 가지만 이야기해 보세요.

나도 쑥쑥 크고 싶어요

키가 작은 또또는 친구가 없었어요. 친구들을 찾아가 "나랑 같이 놀자."라고 말하면 친구들은 "땅꼬마하고는 놀기 싫어! 저리가."라고 말하였어요. 그래서 또또는 키가 크고 싶었어요.

쑥쑥 자라고 싶은 또또는 옆집 아줌마가 당근에 물을 주고 있는 걸 보았어요.

아줌마가 매일 물을 주니까 당근이 쑥쑥 자랐어요.

또또는 '그래, 물을 주면 자라는 거야. 물을 줘야지.' 라고 생각했어요.

또또는 집에 가서 샤워기를 틀고 '이렇게 물을 주면 나도 당근처럼 쑤욱 자랄거야.' 라고 생각하면서 몸에 물을 주었어요.

또또는 계속 맞은 물 때문에 감기에 걸리고 말았어요. 과연 또또는 키가 자랐을까요?

1 또또는 왜 자기 몸에 물을 뿌렸나요?

2 당근이나 나무는 물을 주면 쑥쑥 자라요. 우리는 무엇을 먹어야 잘 자랄 수 있을까요? 먹으면 쑥쑥 자라나는 음식을 3가지만 적어 보세요.

교과서 논술 plus | 어른이 된 나의 하루는?

※ 나는 자라서 무슨 일을 하며 어떻게 살고 있을까요? 어른이 되었을 때 나의 모습을 상상하고 다음 물음에 답해 보세요.

1 어디에서 누구와 살고 있을까요?

_____

_____

2 무슨 일을 하며 살고 있을까요?

_____

_____

3 어떤 사람들을 만나고 있을까요?

_____

_____

4 미래의 나의 모습을 상상하고 하룻동안의 나의 생활을 써 보세요.

나 홀로 무인도에 가다

『바른 생활』

혼자서도 척척 준비물을 챙기는 어린이와 엄마가 양말까지 신겨 주는 두 어린이 중에서 내 모습은 어느 쪽 어린이와 닮았을까요?

나 홀로 무인도에 가다

알아서 척척척

바른생활 | 학습 목표 : **학습 준비물을 스스로 챙길 수 있다.**

윤식이의 생활 태도

1 윤식이는 무엇을 하다가 잠이 들었나요?

2 다음 날 아침, 윤식이의 모습은 어떤가요?

3 아침에 허둥대지 않으려면 잠들기 전에 무엇을 해야 하나요?
   ① TV를 보아야 한다.
   ② 이를 닦아야 한다.
   ③ 친구와 놀아야 한다.
   ④ 준비물을 미리 챙겨야 한다.
   ⑤ 엄마에게 가방을 싸달라고 한다.

민지의 생활 태도

4 민지는 학교에서 돌아와서 제일 먼저 무엇을 하고 있나요?

---

5 가정 학습은 언제 하는 것이 좋을까요?

① 아무 때나 한다.
② 아침에 일어나서 한다.
③ 학교에서 공부 시간에 한다.
④ 학교에서 돌아와서 바로 한다.
⑤ 친구와 놀다가 잠자기 전에 한다.

6 다음 날 학습 준비물을 모를 때는 어떻게 해야 할까요?

① 학교에 가서 빌린다.
② 학교에 가지 않는다.
③ 친구와 놀아야 한다.
④ 모든 학용품을 책가방에 챙긴다.
⑤ 같은 반 친구에게 전화로 물어 본다.

Step 01   내 일은 내가 하기

※ 여러분이 잘하는 것에는 ○를, 못하는 것에는 △를 그려 보세요.

책가방 스스로 챙기기	알림장 적기		
과제 스스로 해결하기			
놀던 자리 깨끗이 정리하기	학습 용구 잘 정리하기	학습 용구에 이름 쓰기	준비물 미리 준비하기
			신발장 정리하기
			책가방 제 위치에 두기
			옷걸이에 옷 걸기
		책상 정리하기	방안 깨끗이 정리하기

놀러와

Step 02 「나 홀로 무인도」 게임

※ 여러분이 혼자서도 '알아서 척척' 잘 할 수 있는지 알아보는 게임입니다.
여러분은 이제 하루를 무인도에서 혼자 보내야 해요.

1 하룻동안 무인도에서 혼자 지내려면 무엇이 필요할까요? 여러분이 가지고 가고 싶은 것 여덟 가지만 적어 보세요.

①	②	③	④
⑤	⑥	⑦	⑧

※ 이제 드디어 도착. 자 이제부터 무인도에서 하루를 지내는 거예요. 다음의 세 문제를 통과해야 여러분은 이 게임에서 이기는 것입니다.

2 첫 번째 상황 – 배 고파요!

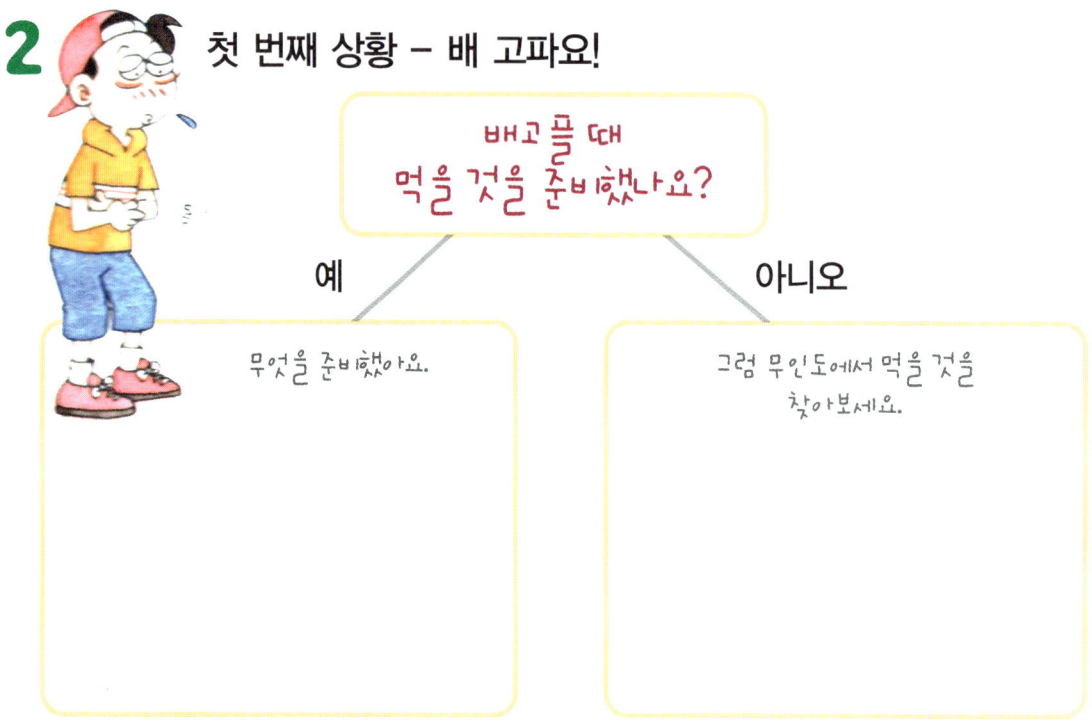

3 두 번째 상황 – 심심해요!

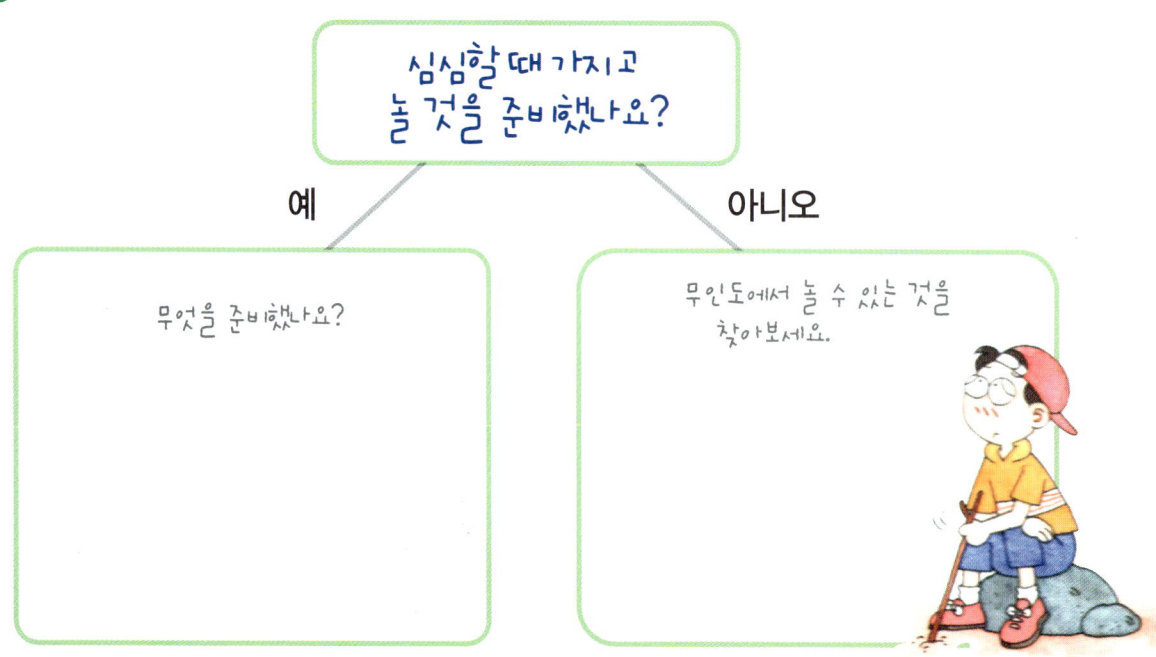

4 세 번째 상황 – 너무 졸려요!

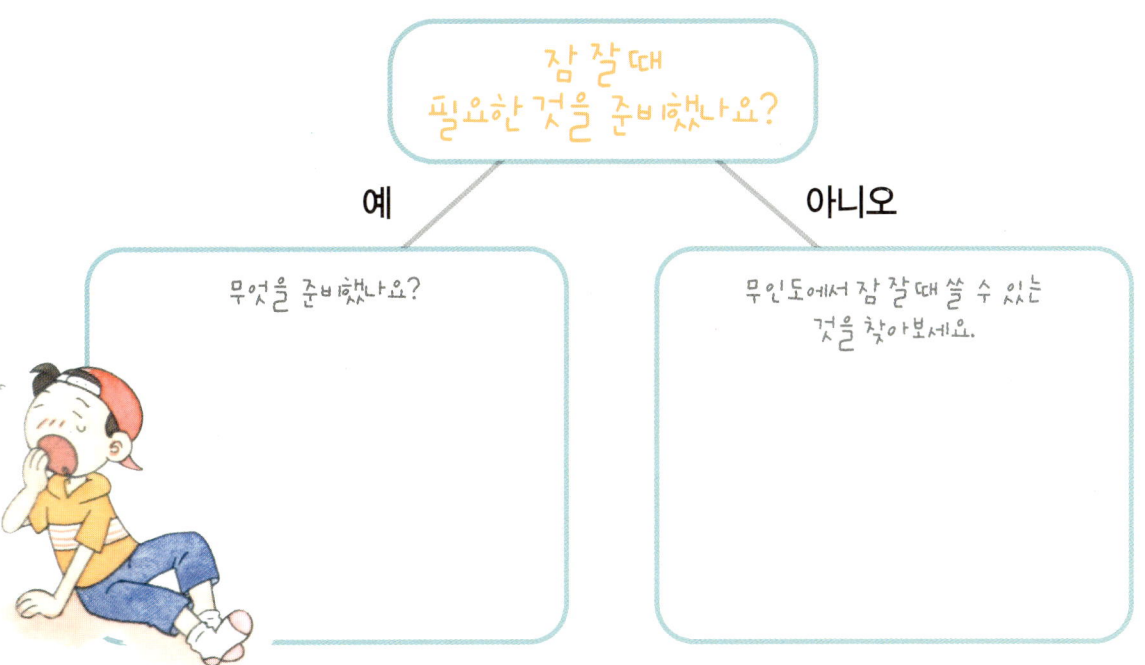

※ 세 문제 다 잘 통과했는지 볼까요? 스스로 게임 결과를 확인해 보세요.

두 문제 이상 통과한 어린이   두 문제 이상 통과하지 못한 어린이

Step 03 꽉 잡아 주세요. 아빠!

※ 은형이는 오늘 아버지와 함께 두발 자전거를 배우러 공원에 나왔어요. 은형이가 얼마나 자전거를 잘 배우는지 함께 보기로 해요.

아버지 : 은형아, 자전거 배우러 공원에 가자.
은 형 : 아빠, 난 자전거 무서워서 안 배울래요. 무릎 다치면 예쁜 치마도 못 입어요.
아버지 : 아빠가 꽉 잡아 줄게. 무서워 하지 말고 타 보자.
은 형 : 아빠! 너무 무서워요. 꽉 잡고 계시죠?
아버지 : 꽉 잡고 있으니까 아빠를 믿고, 씽씽 달려요.
은 형 : 아빠가 잡아 주니까 하나도 안 무서워요.
아버지 : 은형아, 너 지금 혼자 잘 타고 있어. 아빠 손 놨다.
은 형 : 아빠! 혼자는 못 타요. 무서워요. 놓지 마요.
아버지 : 아니야, 은형이 혼자서도 잘 타고 있어.
은 형 : 정말 나 혼자 탄 거예요?
아버지 : 그럼! 아빠가 꽉 잡고 있다고 생각해. 그럼 하나도 안 무서울 거야.

1 부모님과 함께 하면 무섭지 않지만, 혼자 하면 무서운 것들을 써 보세요.

2 자전거를 배워 본 경험이 있나요? 있다면 누구와 함께 자전거를 배웠나요? 여러분의 경험을 이야기해 보세요.

느낌을 나누어요

「말하기·듣기」·「읽기」

교과서 논술 03

나도 나누지 뭐!

소리내어 읽어 봐요

학습 목표: 시를 듣고, 흉내내는 말이 주는 느낌을 말할 수 있다.

* 글의 종류 시
* 중심 글감 산토끼
* 글의 특징 토끼가 뛰는 모습을 흉내내는 말을 넣어 실감나게 표현하고 있다.

산토끼

산토끼 토끼야
어디를 가느냐.
깡충깡충 뛰면서
어디를 가느냐.

산 고개 고개를
나 혼자 넘어서
　㉠　알밤을
주워 온대요

① 고개 : 산이나 언덕의 오르내리게 된 비탈진 곳
② 알밤 : 익은 밤송이에서 떨어진 밤톨

1 '깡충깡충'은 토끼가 어떻게 뛰는 모습을 나타낸 것인가요?

① 기어가는 모습
② 느릿느릿 걷는 모습
③ 긴 다리로 뛰는 모습
④ 가만히 서 있는 모습
⑤ 짧은 다리로 힘차게 뛰는 모습

2 '깡충깡충' 대신 쓰고 싶은 흉내내는 말을 써 보세요.

3 ㉠ 안에 들어갈 알맞은 흉내말은 무엇인가요?

① 말랑말랑
② 토실토실
③ 쫄깃쫄깃
④ 사각사각
⑤ 찐득찐득

4 토끼가 '산 고개 고개를 넘어서' 주워 온 것은 무엇인가요?

엄마처럼 걸어요

엄마 : 민희야, 엄마처럼 사뿐사뿐 걸어 봐.
민희 : 엄마처럼?
엄마 : 그래, 엄마처럼 허리를 쭉 펴고 걸어 봐.
민희 : 이렇게요?
엄마 : 아니, 고개 들고 앞을 보고 걸어 봐.
민희 : 그렇게 걷고 있는데요.
엄마 : 엄마처럼 자신 있게 걸어야지.
민희 : 엄마, 너무 어려워요.
아줌마 : 어머나, 민희랑 엄마랑 걷는 모습이 똑같네.
엄마 : ……

1 엄마는 민희에게 어떤 모습으로 걸으라고 했는지 흉내내는 말을 찾아보세요.

---

2 여러분이 걷는 모습을 흉내내는 말로 적어 보세요.

02 재미있게 읽어 봐요

읽기

| 학습 목표 : 흉내내는 말이 주는 느낌을 살려 글을 읽을 수 있다.

* **글의 종류** 시
* **중심 글감** 돼지
* **글의 특징** '꿀꿀꿀'이라는 똑같은 소리로 2가지 뜻을 표현하고 있다.

❶ **오냐** : 아랫사람의 물음에 대하여 허락을 나타내는 말

엄마돼지 아기돼지

토실토실 아기돼지
밥 달라고 ㉠ 꿀꿀꿀.
엄마돼지 오냐오냐
알았다고 ㉡ 꿀꿀꿀.

1 아기돼지의 살이 통통하게 찐 모습을 흉내내는 말을 찾아서 써 보세요.

2 다음 중 '토실토실' 대신 쓸 수 있는 말은 무엇일까요?

① 포동포동
② 훌쩍훌쩍
③ 바삭바삭
④ 반짝반짝
⑤ 오들오들

3 이 시에서 ㉠의 '꿀꿀꿀'은 무슨 뜻일까요?

4 이 시에서 ㉡의 '꿀꿀꿀'은 무슨 뜻일까요?

① 밥이 없다.
② 밥을 못 준다.
③ 밥을 주겠다.
④ 엄마도 배고프다.
⑤ 밥 먹으면 살찐다.

※ 꼬마 생쥐가 코를 누르면 소리가 나는 신기한 장난을 하고 있어요. 무슨 소리가 나는지 들어 보세요.

1 이 그림에 나오는 동물 이름과 동물이 내는 소리를 적어 보세요.

2 여러분의 코를 누르면 무엇이 나오나요?

03 모양을 흉내내 봐요

읽기

학습 목표 : 모양을 흉내내는 말을 찾을 수 있다.

* 글의 종류 시
* 중심 글감 춤
* 글의 특징 춤을 추는 모습을 흉내내는 말을 넣어 재미있고 실감나게 표현하고 있다.

❶ 춤 : 가락에 맞추거나 절로 흥겨워서 팔다리나 몸을 율동적으로 움직임.

춤을 추어요.

고개를 끄덕끄덕
어깨를 으쓱으쓱
엉덩이를 흔들흔들
덩실덩실
신나게 춤을 추어요.

1 위 시에 나오는 흉내내는 말과 어울리는 움직이는 부분을 찾아 연결해 보세요.

① 고개 · · 흔들흔들
② 엉덩이 · · 끄덕끄덕
③ 어깨 · · 으쓱으쓱

2 위 시에서 '덩실덩실'은 어떻게 춤을 추는 것인가요?

① 힘들게
② 어렵게
③ 신나게
④ 재미없게
⑤ 빠르게

3 밑줄 그은 '흔들흔들'을 다른 말로 바꾸어 보세요.

_____

4 다음 중 위 시에 나오지 않는 흉내말은 무엇인가요?

① 출렁출렁
② 덩실덩실
③ 끄덕끄덕
④ 흔들흔들
⑤ 으쓱으쓱

※ 다음은 춤을 추는 모양을 흉내낸 그림입니다. 그림에 어울리는 여러 가지 흉내내는 말을 써 보세요.

①

고개를 _____

_____

②

어깨를 _____

_____

②

엉덩이를 _____

_____

②

온 몸을 _____

_____

내 눈으로 보는 교과서 04 — 큰 말, 작은 말

읽기 | 학습 목표 : 느낌을 살려 시를 낭송할 수 있다.

※ 흉내내는 말에 주의하며 시를 읽어 보세요.

내용풀이
* 글의 종류 시
* 중심 글감 오리
* 글의 특징 엄마오리의 움직임은 무겁고 큰 느낌이 드는 말로 표현했고, 아기오리의 움직임은 가볍고 작은 느낌이 드는 말로 표현하고 있다.

낱말풀이
❶ 연못 : 넓고 깊게 팬 땅에 늘 물이 고여 있는 곳으로 뜰 안이나 집 가까이에 있다.

오리

풍덩 엄마오리
연못 속에 풍덩
퐁당 아기오리
엄마 따라 퐁당

둥둥 엄마오리
연못 위에 둥둥
동동 아기오리
엄마 따라 동동

1 이 시에서 엄마오리가 물에 빠지는 소리를 흉내내는 말을 찾아 써 보세요.

2 아기오리가 연못에 떠 있는 모양을 흉내내는 말을 찾아 써 보세요.

3 엄마오리와 아기오리에 대한 설명으로 바르지 <u>않은</u> 것은?

① 엄마 오리가 풍덩 빠진다.
② 아기 오리가 퐁당 빠진다.
③ 엄마 오리가 둥둥 떠 있다.
④ 아기 오리가 둥둥 떠 있다.
⑤ 엄마 오리가 연못 위에 떠 있다.

열린교과서

1 『엄마돼지 아기돼지』를 오리로 바꿔서 시를 만들었습니다. 돼지는 밥 달라고 '꿀꿀꿀' 하는데 오리는 어떤 소리를 내는지 ☐ 안에 넣어 보세요.

뒤뚱뒤뚱 아기오리 밥 달라고 ☐

엄마오리 오냐오냐 알았다고 ☐

소리가 크게 들려요

※ 아기 다람쥐가 청진기를 가지고 놀고 있어요. 청진기를 아무 데나 대고 들으면 큰일나요. 아기 다람쥐에게 무슨 일이 일어났을까요?

1. 병원에 가면 의사 선생님이 '청진기'로 진찰을 하십니다. 청진기를 가슴에 대면 무슨 소리가 날까요?

_____

_____

  재미있는 흉내내는 말

1 그림에 어울리는 흉내내는 말을 넣어 짧은 글을 지어 보세요.

①  형이 방귀를 (   )뀌자 동생이 코를 막고 (   ) 뛰어 갑니다.

②  단비가 맛있는 빵을 (   ) 먹어요.

③  지훈이가 엄마를 도와 접시를 (   ) 깨끗하게 닦아요.

2 다음 빈 칸에 재미있는 흉내내는 말을 다음에서 찾아 써 보세요.

고은이는 마루에서 ① (   ) 잠을 자고 있었어요. 고양이가 ② (   ) 들어와서 고은이를 흔들어 깨웠어요. 고양이가 계속 ③ (   ) 울음소리를 냈어요. 배가고픈 모양이에요. 고은이는 하얀 우유를 접시에 따라 고양이에게 주었어요. 고양이는 혀를 낼름거리고 ④ (   ) 소리를 내며 우유를 맛있게 먹었어요.

영재클리닉 02

나는 누구일까요?

나 몰라?

『슬기로운 생활』

두 강아지가 다르죠? 어떻게 다른가요?

여러분은 두 꽃 중에서 어떤 꽃을 선물 받고 싶나요?

나는 누구 일까요?

학습 목표 : 생물과 무생물, 식물과 동물의 특징을 알아본다.

살아있니?

※ 생물과 무생물의 특징을 알아 보세요.

생물	무생물
① 살아서 움직이고 숨을 쉽니다.	① 스스로 움직이지 않습니다.
② 물이나 먹이를 먹고 자랍니다.	② 자라지 않습니다.
③ 새끼를 낳거나 씨를 만듭니다.	③ 새끼나 알을 낳지 못합니다.
	④ 먹이를 먹지 않습니다.

1 다음 그림 중에서 생물에는 ○를 무생물에는 △를 하세요.

(   )   (   )   (   )

(   )   (   )   (   )

2 교실에서 찾아볼 수 있는 무생물에는 어떤 것들이 있는지 다섯 가지만 적어 보세요.

_____

_____

※ 식물과 동물의 특징을 알아 보세요.

식물	동물
① 스스로 움직이지 못합니다.	① 스스로 움직일 수 있습니다.
② 씨 등으로 번식합니다.	② 새끼나 알 등으로 번식을 합니다.
③ 뿌리로 양분을 얻어서 커집니다.	③ 입으로 먹이를 먹습니다.
④ 입, 코, 눈 등이 없습니다.	④ 입, 코, 눈 등이 있습니다.

3 다음 중 식물이 <u>아닌</u> 것은 무엇인가요?

① 가지   ② 감   ③ 고슴도치
④ 시금치   ⑤ 새싹

4 다음 글에서 설명하는 식물과 동물의 이름을 적어 보세요.

① 나는 누구일까요?   (   )

· 나는 물을 좋아합니다.
· 다리가 넷인 동물입니다.
· 올챙이가 자라면 내가 되지요.
· 이른 봄에 논이나 연못에 알을 낳아요.

② 나는 누구일까요?   (   )

· 나는 봄에 피어납니다.
· 노란색의 식물입니다.
· 꽃잎이 보들보들 합니다.
· 아주 조그맣고 귀엽습니다.

Step 01 | 신기한 식물

이 식물의 이름은 파리지옥입니다.
왜 이름이 파리지옥 이냐구요?
파리와 같은 벌레를 잡아 먹는 신기한 식물이거든요.

이 식물의 이름은 산세베리아입니다.
이 식물은 공기를 맑고 깨끗하게 한답니다. 집 안에 두면 집 안의 공기가 맑아져요.

이 식물의 이름은 무초입니다.
'춤추는 나무'라고도 부릅니다. 소리에 맞춰 잎이 움직이기 때문입니다. 무초는 큰 소리와 여자의 노래 소리에 더 많이 움직인답니다.

1 파리지옥이 파리를 잡아먹으면 좋은 점 두 가지만 적어 보세요.

2 공기를 맑게 해 주는 '산세베리아'와 춤을 추는 '무초' 중에서 한 가지 식물만 길러야 한다면 어떤 식물을 기르고 싶은지 쓰고, 기르고 싶은 이유도 이야기해 보세요.

Step 02 재미있는 동물

스페인에서 잡힌
'대왕오징어'
무게 : 85kg
길이 : 10m
정말 크고 무겁겠죠?
어른들보다 훨씬 큰 오징어랍니다.

-『로이터 통신』, 2003. 9. 18

1997년에는 오스트레일리아의 태즈메이나 해역에서 15m짜리 대왕오징어가 그물에 걸린 채 죽어서 올라온 적이 있다. 눈은 배구공만큼 크고, 입은 야구공만한 것이 단단한 앵무새 부리처럼 생겼고, 다리는 사람의 허벅지만큼 굵었다. 이 대왕오징어로 오징어 순대를 만든다면, 굵기가 트럭 바퀴만 할 것이다.

1 사진 속에 있는 대왕오징어로 오징어 볶음밥을 만들면 몇 명이 먹을 수 있을까요? 상상해서 써 보세요.

2 대왕오징어가 많아지면 어떤 일이 벌어질지 상상하고 써 보세요.

세상에서 가장 못생긴 동물 뽑기 대회

1위 : 마타마타 거북 (목을 옆으로 구부려 넣는다.)
2위 : 뱀잠자리 (기괴한 얼굴의 곤충)
3위 : 아귀 (큰 입과 공포감을 주는 이빨이 특징)
4위 : 털 없는 두더지 (털이 없다.)

3 '마타마타 거북'이 자기가 가장 못생긴 동물로 뽑혔다는 것을 알게 된다면 어떤 기분일지 상상해 보세요.

4 내가 알고 있는 동물 중에서 가장 예쁜 동물과 가장 못생긴 동물을 써 보세요.

가장 예쁜 동물 -

가장 못생긴 동물 -

Step 03 나는 무엇일까요?

나는 로봇 강아지 아이보예요.
나는 기쁨과 슬픔, 놀라움과 행복을 느껴요.
나는 막 태어났을 때는 뒤뚱거리지만 '힘내'라고 말해 주면 똑바로 걸어요.
또, 동요를 틀어 주면 춤도 추고 아이들과 놀기도 해요.
나는 주인한테는 꼬리도 흔들고 명령도 따르지만 모르는 사람 앞에서는 사나워져요.

1 로봇 강아지 아이보는 진짜 강아지와 어떤 점이 다른가요?

2 나는 진짜 강아지와 로봇 강아지 중에서 어떤 강아지를 키우고 싶은지 쓰고, 키우고 싶은 이유도 생각해 보세요.

나는

나랑 놀래?

나는 몸통은 인형이고 머리는 식물인 잔디 인형이에요.
나는 물을 주면 머리가 자라요.

3 잔디인형은 생물일까요? 무생물일까요?

_____

4 잔디인형을 식물이라고 생각하나요? 인형이라고 생각하나요? 그렇게 생각하는 이유도 써 보세요.

나는 _____

5 나만의 재미있는 잔디 인형을 그림으로 그려 보세요.

동물 이름이 들어간 식물

강아지풀 매발톱꽃 기린초

벌개미취 노루귀 병아리꽃나무

노루오줌 족제비싸리 닭의장풀

쥐똥나무 돼지풀 쇠뜨기

결국 엄마가 다 키운다?

여러분도 만화 속 아이들처럼 화초도 곤충도 동물도 사 달라고 조르기만 하고,
밥 주고 똥오줌 치워 주며 돌봐 주는 것은 엄마가 다 하고 계시지 않나요?
무엇인가를 키운다는 건 사랑과 정성이 필요하다는 것 기억해요!

논술클리닉

나만의 재미있는 일기를!

『쓰기』

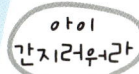
아이 간지러워라

누나가 잠꾸러기 동생을 깨우고 있네요. 그림을 보고 떠오르는 흉내말에 모두 동그라미를 그려 보세요.

까르르   주렁주렁
간질간질 아장아장

소리와 모양을 흉내내 봐요

| 학습 목표 : 흉내내는 말을 넣어 문장을 만들 수 있다.

※ 다음 그림을 보고 소리와 모양을 나타내는 말을 표현해 보세요.

1

껌을 맛있게 씹어 봐요.
그럼 _____ 소리가 나요.

2

새콤한 오렌지 쥬스를 마실 때는
_____ 소리가 나요.

3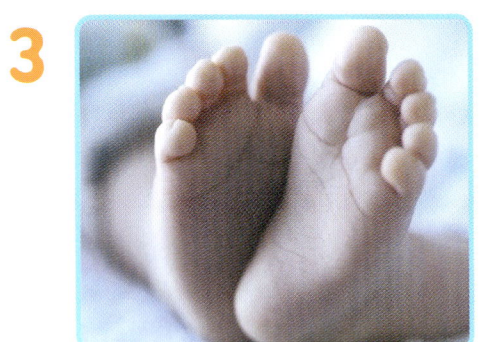

예쁜 아기가 조그마한 발을
_____ 움직여요.

4

접시 위에 _____ 한
인절미가 있어요!

5 그림을 보고 흉내내는 말을 넣어 이야기를 만들어 보세요.

할머니가 오랜만에 우리집에 오셨습니다.

아기는 할머니를 보고 ① _____ 걸어갑니다.

바둑이도 신이 나서 ② _____ 짖습니다.

바둑이는 꼬리도 ③ _____ 흔듭니다.

할머니도 ④ _____ 웃으십니다.

나도 기분이 좋아서 방울을 ⑤ _____ 흔들었습니다.

논술 에너지를 쌓아라! 01 넌 밥만 먹고 사니?

※ 친구가 쓴 일기를 읽어 보고 물음에 답해 보세요.

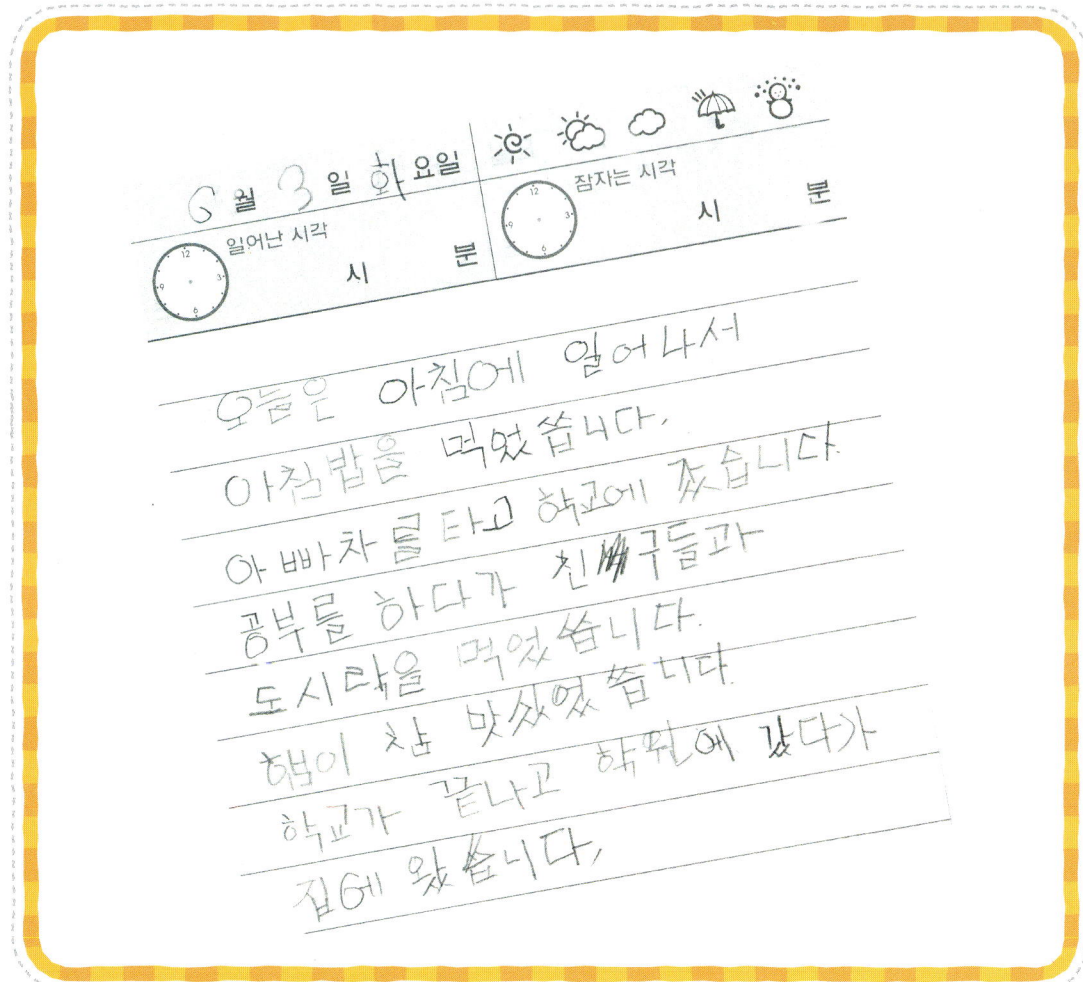

1 위의 일기를 쓴 친구가 하룻동안 한 일은 무엇인지 적어 보세요.

2 일기에는 하루 중 가장 기억에 남는 일을 쓰는 것이 좋습니다. 친구가 쓴 일기에서 잘못된 부분을 찾아보세요.

02 난 남들과 달라요!

※ 한 친구가 하루 중, 가장 기억에 남는 물건을 소개하고 있어요.

가장 기억에 남는 물건:
이상한 의자

그 이유:
친구 집에 갔다가 이상한 의자를 보았다. 내가 의자에 앉고 친구가 단추를 누르니까, 의자가 막 춤을 추었다. 나는 등이 너무 아파서 소리를 지를 뻔했다. 그런데, 친구네 엄마는 그게 시원하다고 하신다. 참 이상하다.

1 오늘 본 물건 중에서 가장 기억에 남는 물건을 하나만 쓰고, 기억에 남는 이유도 간단하게 써 보세요.

가장 기억에 남는 물건:

그 이유:

2 오늘 만난 친구 중에서 가장 반가웠거나 좋았던 친구 한 명을 쓰고, 그 이유를 간단하게 써 보세요.

가장 반가웠던 친구:

그 이유:

03 일기가 재미있어요!

※ 친구들이 쓴 재미있는 일기를 살짝 볼까요? 친구들의 일기를 보고 여러분도 재미있는 일기를 한 번 써 보세요.

친구의 일기 1
「목욕」이라는 제목의 일기예요.

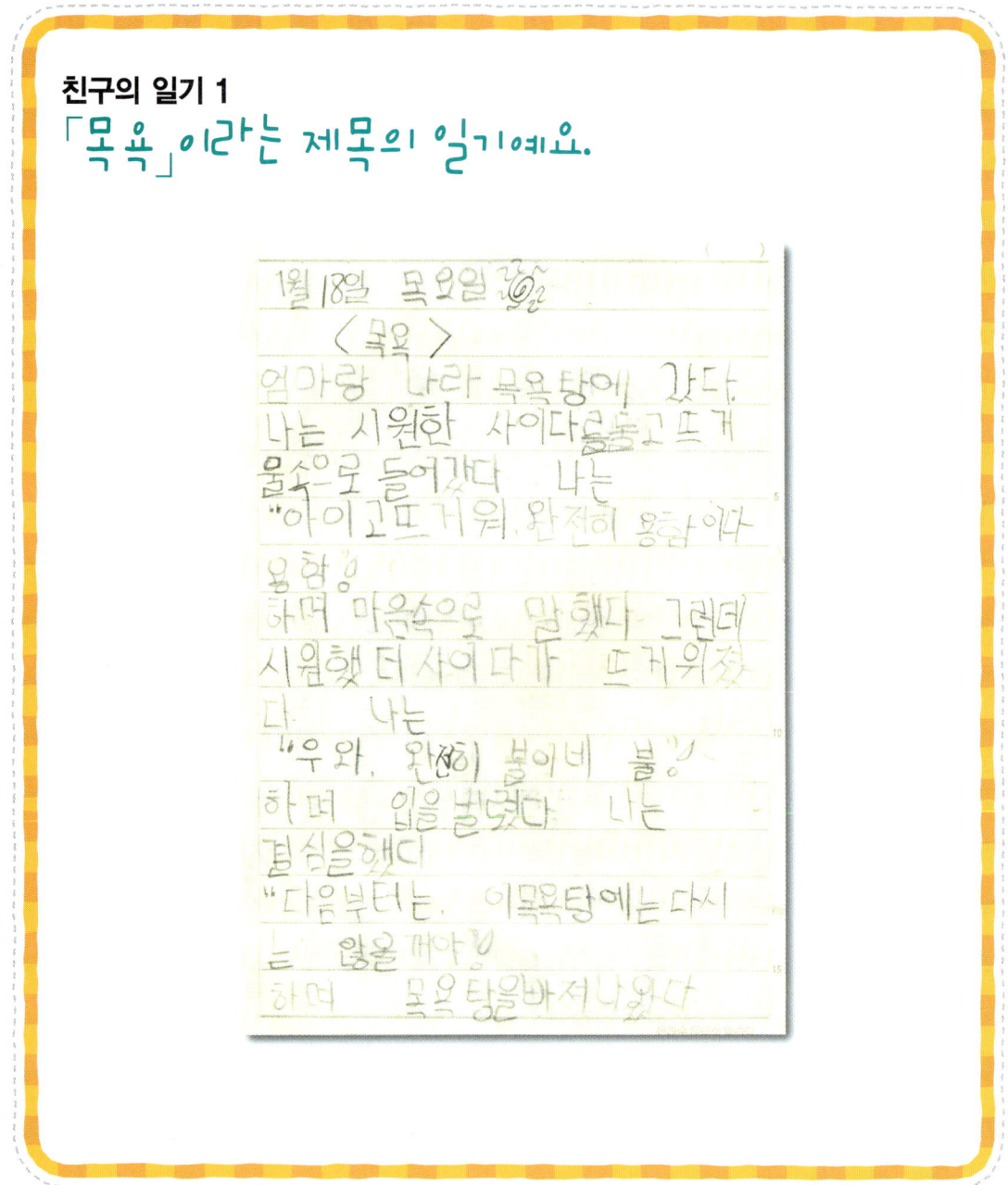

1 이 친구는 목욕탕에서 무슨 일이 있었나요?

친구의 일기 2

「생라면의 비밀」이라는 제목의 일기예요.

> 8월 6일 화요일
> 제목: 생라면의 비밀
>
> 방학하기 전에 엄마께서 생라면을 계속 먹으면 성격이 난폭해진다고 하셨다. 그때부터 라면을 안 먹었지만, 방학이 되자, 먹고 싶어서 오늘 드디어 먹었지만 난폭해질까 봐 걱정이다. 또 생라면을 먹으면 침 뱉을 때 본드가 붙은 것처럼 늦게 내려온다. 다음부터는 정말로 생라면을 먹으면 안 되겠다. 무서운 생라면의 비밀!

2 여러분도 생라면을 먹어 본 적이 있나요? 맛이 어땠나요? 그 때의 느낌을 말해 보세요.

3 부모님이 하지 말라고 하시지만 꼭 해 보고 싶은 일에는 어떤 것이 있나요?

한걸음더 | 일기가 재미있어요!

※ 오늘 있었던 일 중에서 가장 기억에 남는 일이나 사람을 생각해 보고 여러분만의 재미있는 일기를 써 보세요.

_____년 ____월 ____일 _____요일

제목 : _____

다양한 일기쓰기 방법

일기는?

  일기는 오늘 나에게 있었던 일, 내가 생각한 것, 본 것, 들은 것, 느낀 것들을 솔직하게 저장해 두는 거예요. 사람은 시간이 지나면 많은 것들을 잊어버리니까요. 내가 작년 오늘 무슨 일을 하고, 무슨 생각을 하고 누굴 만났는지 기억해 내고 싶은데 기억이 나지 않는 거예요. 그런데 그 날 일기를 써 두었다면 일기를 꺼내 읽어보면 되겠지요? 그럼 그때 기억이 살아날 거예요.

일기, 이렇게 써 보아요.

> **친구의 일기1 - 정현이의 생활일기**
>
> **제목: 싸움**
>
> 오늘 신비하고 싸웠다. 나는 울었고 신비는 울지 않았다. 신비가 이겼고 내가 진 것 같다. 신비가 너무 밉다. 그런데 내일부터는 누구하고 놀지?

  정현이는 오늘 신비하고 싸운 내용을 일기로 쓰고 있어요. 아주 재미있고 솔직하게 잘 썼는데 다음과 같은 궁금증이 생기네요. 다음 내용이 더 들어간다면 궁금증이 해결되겠지요.

-정현이가 신비하고 왜 싸웠나?
-정현이는 왜 울었나?
-정현이는 왜 신비가 이겼다고 생각했나?

> **친구의 일기 2 - 세란이의 편지일기**
>
> **제목: 엄마에게**
>
> 엄마, 저는 우유가 정말 싫어요.
> 우유 먹을 때마다 얼굴을 많이 찡그려서 내 얼굴이 점점 못생겨 질 거예요.
> 엄마, 콩이랑 두부랑 많이 먹고 운동도 열심히 할게요. 우유만 안 먹으면 안 돼요?

  세란이는 일기에 엄마에게 편지를 썼네요. 세란이가 엄마에게 일기를 보여 드렸을까요?

  그래요. 일기는 내가 쓰고 싶은 이야기를 솔직하게 쓰는 거예요. 책을 읽고 주인공에게 편지를 쓸 수도 있고, 엄마 아빠에게 편지를 쓰는 것도 아주 좋은 방법이에요.

친구의 일기3 - 주영이의 독서일기

제목: 재미있는 아줌마

오늘 재미있는 책을 읽었다. 어떤 아줌마네 집에 수도관이 터져 집안이 물로 가득 차면서 벌어지는 일을 이야기로 만든 것이었다. 아줌마는 집안이 물로 가득차자 수도 고치는 사람에게 전화를 건다. 아줌마가 "아저씨, 수도관이 터져서 집안이 물로 가득 차고 있어요."라고 말했지만 수도고치는 아저씨는 "바빠서 당장 갈 수 없으니 기다려요."라고만 말한다. 그러자 아줌마는 웃으며 "그럼 빨리 오세요. 그동안 애들한테 수영이나 가르치고 있죠 뭐?"라고 말하는 것이다. 아줌마가 너무 재미있다. 그런데 전화를 끊은 뒤 이야기가 나오지 않아 뒷이야기가 궁금하다. 수도 고치는 아저씨는 금방 달려 오셨을까? 내 생각에는 그렇게 재미있게 말하는 아줌마가 궁금해서 하던 일을 멈추고 아줌마네 집으로 달려오셨을 것 같다.

주영이는 오늘 읽은 책 내용을 다시 정리해서 옮겨 쓰고 있네요.
여러분도 텔레비전에서 본 것, 책으로 읽은 것들을 이야기하듯이 일기로 써 보는 거예요. 그럼 아주 재미있는 일기가 되겠지요.

친구의 일기 4 - 성식이의 관찰일기

제목: 히로 관찰하기

며칠 전부터 고양이와 함께 살게 되었다. 그래서 오늘부터 고양이 관찰일기를 쓸 것이다.
우리 집 고양이는 내 팔뚝만하고 목소리가 작고 밥도 조금씩만 먹는다. 아빠가 목을 만져 주면 '가릉 가릉' 소리를 낸다. 나도 빨리 고양이와 친해져서 안아 주고 싶다. 고양이는 지금 숨바꼭질 중이다. 그런데 어디에선가 '냐아~ 냐아~'하는 희로의 목소리가 들린다. 오늘의 관찰일기 끝.

성식이의 일기를 읽어 보니 성식이네 집에서 키우는 고양이 모습이 그려지네요. 그리고 고양이와 친해지고 싶은 성식이의 마음도 느껴지지요.
여러분도 지금 키우고 있는 동물이나 식물이 있다면 자세히 관찰하고 써 보세요.

책 속의 책

바른클래스 국어논술 1-1단계

GUIDE & 가장 단짝 든든한 짝꿍

※ 들어가기 전에 – 이 책은 다양한 개성적인 반응과 답변을 유도하는 데 목적이 있으므로, 단 하나의 유일한 정답이 없는 문항들도 많습니다. 그러므로 〈정답의 방향〉을 가늠하는 참고 자료로 활용해 주시기 바랍니다.

week 01
발상사고혁명

키티는 왜 입이 없을까요?
05 쪽

고정 관념을 깨자 01
눈, 코, 입을 다 그려야 하나요?

1 G·U·I·D·E 사진 속의 고양이와 비슷하게 고양이를 그립니다.

2 G·U·I·D·E 사진 속의 고양이를 캐릭터처럼 귀엽게 그립니다.

3 G·U·I·D·E 키티가 입이 없는 것은 마음으로 말하기 때문입니다. 그리고 입이 없어서 바라보는 이의 기분에 따라 표정이 달라 보일 수 있습니다.

입이 없어도 예쁘기 때문이다. / 먹지 않기 때문이다. / 실수로 입을 만들지 않았기 때문이다. / 마음으로 말하기 때문이다. 등

4 고양이는 살아있는데, 키티는 살아있지 않다. / 고양이는 입이 있는데, 키티는 입이 없다. / 고양이는 눈이 빛나는데, 키티는 빛나지 않는다. / 고양이는 머리에 리본을 안 달았는데, 키티는 머리에 리본을 달았다. 등

고정 관념을 깨자 02
키티의 입을 그려 주세요

1 G·U·I·D·E 입이 없는 키티에게 입을 여러 가지 모양으로 그려 줍니다.

2 G·U·I·D·E 코가 없는 미피에게 코를 여러 가지 모양으로 그려 줍니다.

고정 관념을 깨자 03
마시마로, 푸우의 진짜 모습은?

1 G·U·I·D·E 마시마로랑 친구가 되고 싶어요. 왜냐 하면 진짜 토끼는 너무 무섭기 때문이에요. / 진짜 토끼랑 친구가 되고 싶어요. 왜냐 하면 마시마로는 인형이라서 함께 뛰어놀 수 없기 때문이에요. 등

2 푸우는 귀여운데, 곰은 무서워요. / 푸우는 옷을 입었는데, 곰은 옷을 안 입었어요. / 푸우는 인형 가게에 있는데, 곰은 동물원에 있어요. 등

새롭게 생각해요 01
아름다운 별

1 G·U·I·D·E 별을 자유롭게 그립니다. 그리고 실제의 별과 아이들이 그리는 별이 어떻게 다른지 보여 주고자 하는 문제입니다.

새롭게 생각해요 02
즐거운 우리 집

1 G·U·I·D·E 집을 자유롭게 그립니다. 그리고 실제의 집과 아이들이 그리는 집이 어떻게 다른지 보여 주고자 하는 문제입니다.

week 02
교과서 논술 01
알고 싶어요 01
13쪽

내 눈으로 보는 교과서 01
영수의 심부름

1 엄마의 심부름을 하기 위해서

2 ③

3 ④

열린교과서

1 우표를 붙여서 우체국 아저씨에게 배달해 달라고 했어요.

2 G·U·I·D·E 생활속의 경험을 자유롭게 적어 보는 문제입니다.

콩나물 500원어치 사 오기 / 이름이 어려운 약 사 오기 / 하루 종일 동생하고 놀아 주기 / 내 방 청소하기 등

내 눈으로 보는 교과서 02
정다운 우리 가족

1 아버지, 어머니, 아기, 나

2 ① 즐거운 / 재미있는 / 화목한 / 웃음 넘치는 ② 다정한 / 멋진 / 자상한 / 따뜻한 ③ 멋있는 / 다정한 / 재미있는 / 엄하신

3 ④

열린교과서

1 G·U·I·D·E 가족 구성원의 이름과 성격을 씁니다.

어머니 : 김정은, 성격 : 재미있고 따뜻하시지만 잔소리를 많이 하신다.
아버지 : 이태우, 성격 : 씩씩하고 부지런하신데 가끔 삐치신다.
내동생 : 이은경, 성격 : 엄살이 심하지만 사랑스럽다.
나 : 이해준, 성격 : 활발하고 화를 잘 낸다.

내 눈으로 보는 교과서 03
재미있는 학교

1 ③ , ⑤

2 ① 선생님
② 아주 예쁘십니다. / 화내실 땐 무섭습니다. / 우리보다 많은 것을 아십니다. / 아주 재미 있는 분이십니다. 등

3 ① 즐거운
② 정다운
③ 고마우신

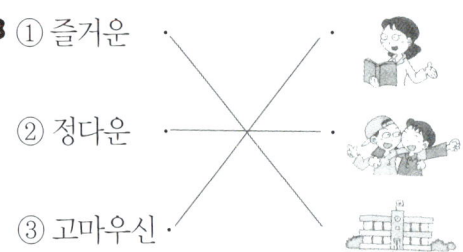

열린교과서

1 태극기, 칠판, 학생, 선생님, 칠판 지우개, 교탁, 책상, 걸상

2 쓰레기통 / 사물함 / 달력 / 시계 / 빗자루 / 걸레 등

뛰어넘자 교과서
교실 안 물건들

1 ① 칠판, ② 태극기, ③ 걸상, ④ 칠판지우개 ⑤ 시계

교과서 논술 plus
나는 이 사람이 좋아요

1 G·U·I·D·E 자기가 좋아하는 유명한 사람이 누구인지 쓰고 좋아하는 이유를 씁니다.

안녕! 나는 박관호라고 해. 나는 텔레비전에 나오는 사람 중에서 세븐을 제일 좋아해. 왜냐하면 세븐은 노래도 잘하고 춤도 아주 잘 추기 때문이야. 나도 세븐처럼 노래를 잘 하고 춤도 잘 추고 싶어.

week 03
독서 클리닉
여우와 두루미가 착해졌어요
23쪽

새롭게 읽어요 01
여우와 두루미 이야기

1 ④

2 (△), (○), (○)
(○), (△), (△)

3 여우의 집에 넓적한 접시밖에 없었기 때문에 / 두루미를 골탕 먹이려고 / 두루미를 미워했기 때문에 등

4 저번에 여우가 자기를 초대해서 넓적한 접시에 음식을 주어서 아무 것도 못 먹고 돌아 온 것에 화가 났기 때문에 / 여우도 자기가 겪은 것과 똑같은 경험을 하고 반성하라고 등

5 여우와 두루미는 화가 나서 다시는 만나지 않기로 한다. 그런데 호랑이의 생일 잔치에서 만나게 된다. 호랑이는 각각의 동물들에게 맞는 그릇과 음식을 준비하고 동물들을 초대했다. 자기 이름이 써 있는 그릇을 받은 여우와 두루미는 부끄러운 생각이 들어서 서로의 얼굴을 쳐다본다. 둘은 서로에게 미안하다고 말하고 화해를 한다. 사실 호랑이는 두루미와 여우가 그릇 때문에 다투었다는 이야기를 듣고 여우와 두루미가 자기의 잘못을 깨닫고 다시 사이좋게 지내도록 하기 위해 이런 생일 잔치를 열었던 것이다.

새롭게 읽어요 02
마음 넓은 두루미

1 여우가 저질렀던 실수를 자기도 똑같이 저지르게 될까 봐.

2 자기가 두루미에게 한 행동을 반성했을 것이다. / 두루미의 넓은 마음에 감동했을 것이다. 등

3 나는 두루미처럼 행동하지 않았을 것이다. 나라면 여우에게 편지를 써서 내가 자기 때문에 얼마나 화가 났는지 알게 할 것이다. / 나도 두루미처럼 행동했을 것이다. 친구가 나쁘게 했다고 해서 나도 똑같이 나쁘게 하면 그 친구보다 더 나쁜 것이라고 생각하기 때문이다. 등

새롭게 읽어요 03
두루미 스타 되다!

1 G·U·I·D·E 나에게 못되게 구는 친구에게 어떻게 하는 것이 현명한 것인지 생각해 볼 수 있도록 하는 문제입니다.

현명하고 마음이 넓은 친구

새롭게 읽어요 04
여우에게 숟가락을 주세요!

1 숟가락

2 빨대

3 G·U·I·D·E 초대하는 사람이 준비해야 할 것과 초대받는 사람을 어떻게 배려해야 하는지를 알고 써 볼 수 있도록 하는 문제입니다.

친구를 초대하기 전에 친구에게 '좋아하는 음식'을 물어본다. / 엄마에게 친구가 좋아하는 음식을 해 달라고 말씀드린다. / 방을 깨끗하게 치워 놓는다. / 같이 놀 것을 준비한다. 등

한 걸음 더
구멍난 양말

1 G·U·I·D·E 실제로 양말에 구멍이 났다고 상상하고 그런 상황이 생기면 어떻게 할 것인지 생각해 보도록 하는 문제입니다.

"나 양말 구멍났는데 놀리지마." 라고 이야기하고 놀러 간다. / 놀러 안 간다고 이야기한다. / 친구네 집에 들어가기 전에 양말을 벗는다. / "내가 감자 보여 줄까?" 라고 이야기하고 모두 웃게 만든다. 등

2 G·U·I·D·E 난처한 상황에 처한 친구를 어떻게 배려하고 도와야 하는지 생각해 볼 수 있는 문제입니다.

슬리퍼를 준다. / 친구들 모두 양말을 벗고 들어오라고 말한다. / 내 양말을 희열이에게 주고 갈아 신으라고 한다. 등

week 04
교과서 논술 02

알고 싶어요 02

33쪽

내 눈으로 보는 교과서 01
재미있게 배워요

1 ⑤

2 사람들 앞에서 부끄러워하지 않고 자신 있게 말하는 것

3 ⑤

4 ④

열린교과서

1 1. 내 방 / 200가지 색깔 크레파스 / 바이올린 / 강아지 등

2. 우주선 / 공룡 / 비행기 / 어른이 된 내 모습 / 텔레비전에 나온 내 모습 등
3. 달나라 / 아프리카 / 동물원 / 방송국 / 바다 / 과자공장 등
4. 자동차 만드는 사람 / 가수 / 화가 / 선생님 / 동물 사육사 / 발레리나 / 야구선수 등

내 눈으로 보는 교과서 02
꿈꾸는 우리

1 ④

2 그림

3 나의 꿈

4 ③

열린교과서

1 가수, 운전기사, 군인, 경찰, 선생님, 화가, 요리사, 마술사, 공무원, 사업가, 영화감독, 피아니스트, 축구선수, 야구선수, 심판, 사진 작가, 만화가, 건축가, 농부, 파일럿, 변호사, 판사, 작가, 물리학자, 생물학자, 과학자, 동물 조련사, 영화배우, 패션 디자이너, 여행가, 탐험가, 특수교육 교사 등

2 영화감독, 건축가, 요리사, 변호사

3 영화감독, 요리사

4 내가 만든 재미있는 이야기로 영화를 만들면 신기하고 멋질 것 같기 때문에 영화감독을 꼭 하고 싶어요. / 나는 맛있는 것을 좋아하고 잘 먹기 때문에 요리사가 되면 재미있게 일을 할 수 있을 것 같아요. 등

내 눈으로 보는 교과서 03
즐거운 학교 가는 길

1 아침

2 ③

3 수진

4 ①

5 ④

열린교과서

1 ① 학교 다녀오겠습니다. / 잘 다녀오겠습니다. / 공부 열심히 하고 오겠습니다. 등
② 친구와 함께 갑니다. / 혼자서 갑니다. / 동생과 함께 갑니다. 등
③ 약국 / 소방서 / 경찰서 / 과일가게 / 커다란 나무 등

내 눈으로 보는 교과서 04
큰 나무로 자라라

1 ②

2 아기나무

3 아기나무

열린교과서

1 **G·U·I·D·E** 나무가 있어서 좋은 점을 이야기 하면서 나무가 있어야 하는 이유와 함께 나무의 소중함을 알 수 있는 문제입니다.

그늘이 생겨서 시원해요. / 비가 오면 나무 아래에 피할 수 있어요. / 공기가 맑아져요. / 예쁜 초록색 나뭇잎을 볼 수 있어요. / 예쁜 단풍을 볼 수 있어요. / 매미 소리를 들을 수 있어요. / 맛있는 열매를 먹을 수 있어요. 등

뛰어넘자 교과서
나도 쑥쑥 크고 싶어요

1 또또는 당근처럼 쑥쑥 자라고 싶어서 몸에 물을 뿌렸습니다.

2 G·U·I·D·E 아이들이 좋아하는 여러 가지 인스턴트 식품보다 야채, 과일, 잡곡 같은 음식이 몸에 더 좋다는 것을 알고 실천할 수 있게 하기 위한 문제입니다.

콩나물 / 김치 / 밥 / 우유 / 계란 / 김 / 시금치 / 고기 등

week 05
영재 클리닉 01
나 홀로 무인도에 가다
43쪽

교과서 PLUS
어른이 된 나의 하루!

G·U·I·D·E 아이들이 20년 후쯤에 자기의 모습을 상상하고 재미있게 자기의 하루를 써 보는 시간을 가집니다.

1 서울에 있는 아파트에서 혼자 살고 있을 것이다.

2 동물 병원 원장님이 되어 동물들을 치료하며 살고 있을 것이다.

3 동물을 사랑하는 손님들과, 동물을 사랑하는 친구들을 만나고 있을 것이다.

4 아침에 일어나서 샤워를 하고 빵과 우유를 먹고 빨간 자동차를 타고 동물병원으로 출근한다. 동물들이 밤에 아프지 않았는지 살펴보고 동물들이 먹을 먹이를 준비해서 준다. 동물원에서 악어가 아프다는 전화가 걸려 온다. 나는 의료 기기들을 준비해서 동물원으로 간다. 악어를 진료하고 악어가 다리에 염증이 생겼다는 것을 발견한다. 악어의 아픈 곳을 치료해 주고 병원으로 다시 온다. 저녁에는 친구들을 만나 맛있는 저녁을 먹고 집으로 가서 잠을 잔다.

교과서 탐구
알아서 척척척

1 윤식이는 장난감을 가지고 놀다가 잠이 들었다.

2 G·U·I·D·E 그림을 보고 아침에 일어난 상황을 이야기로 만들어 보는 문제입니다.

가방을 미리 싸놓지 않아서 어머니께 혼나고 있다. / 급하게 오느라 크레파스를 챙기지 못해서 문방구점에서 사고 있다.

3 ④

4 가정 학습을 하고 있다.

5 ④

6 ⑤

Step 01
내 일은 내가 하기

1 G·U·I·D·E 스스로 잘 하고 있는 것에는 ○를 그리고, 스스로 잘 하지 못하고 있는 것에는 △를 그리는 문제입니다.

Step 02
〈나 홀로 무인도〉 게임

1 G·U·I·D·E 여행갈 때 필요한 것이 무엇인지 생각하고, 꼭 가지고 가고 싶은 것을 여덟 가지 적으면 되는 문제입니다.

물/ 우유 / 콜라 / 초콜릿 / 밥 / 김치 / 소시지 / 과자 / 빵 / 피자 / 햄버거 / 로봇/ 인형 / 색종이 / 크레파스 / 색연필/ 스케치북 / 컴퓨터 / 오락기 / 엄마 / 아빠 / 아빠/ 동생 / 친구 / 이불 / 베개 등

2 G·U·I·D·E 배고플 때 먹을 것을 준비해 갔으면 '예' 라고 적혀 있는 칸 안에 먹을 것을 적고, 준비해가지 않았으면 '아니오' 라고 적혀 있는 칸 안에 무인도에서 먹을 것을 찾아서 적으면 되는 문제입니다.

예 : 물/ 우유 / 콜라 / 밥 / 김치 / 피자 / 빵 / 초콜릿 / 과자 등
아니오 : 바다에서 고기를 잡아 구워먹는다. / 나무에서 열매를 따 먹는다. / 아무 것도 먹지 않는다. 등

3 G·U·I·D·E 심심할 때 가지고 놀 것을 준비해 갔으면 '예' 라고 적혀 있는 칸 안에 준비해 간 것을 적고, 준비해 가지 않았으면 '아니오' 라고 적혀 있는 칸 안에 무인도에서 놀 수 있는 것을 찾아 적으면 되는 문제입니다.

예 : 로봇/ 인형/ 색종이 / 크레파스 / 색연필 / 스케치북 / 컴퓨터 / 오락기 등
아니오 : 나무를 타고 논다. / 바다에서 고기를 잡는다. / 동물들과 함께 논다. 등

4 G·U·I·D·E 잠 잘 때 필요한 것을 준비해갔으면 '예' 라고 적혀 있는 칸에 준비해 간 것을 적고, 잠 잘 때 필요한 것을 준비해 가지 않았으면 '아니오' 라고 적혀 있는 칸에 무인도에서 잠잘 때 쓸 것을 찾아 적으면 되는 문제입니다.

예 : 이불 / 베개 / 신문지 / 엄마와 함께 가서 엄마를 꼭 안고 잔다 등
아니오 : 아무 것도 덮지 않고 그냥 잔다. / 나뭇잎을 모아서 깔고 덮고 잔다. / 나무 위에 올라가 매달려서 잔다. / 나뭇잎을 모아서 불을 피우고 그 앞에서 잔다. / 안 잔다. 등

Step 03
꽉 잡아 주세요. 아빠!

1 G·U·I·D·E 학교에 들어가기 전 까지는 부모님이 많은 부분을 함께 해 주셨지만, 학교에 들어가면서 혼자서 해야 하는 일들이 많아 집니다. 혼자서 해 보고 싶지만 아직 겁나는 일들을 적는 문제입니다.

롤러 블레이드 타기 / 여행 가기 / 수영 하기 / 혼자 잠자기 / 버스 타기 / 지하철 타기 등

2 G·U·I·D·E 자전거를 배운 경험이 있으면 누구와 함께 자전거를 배웠는지 경험을 적고, 자전거를 배운 경험이 없으면 앞으로 누구와 함께 자전거를 배우고 싶은지 적는 문제입니다.

언니가 가르쳐 주었어요. 처음에는 너무 무서워서 울기도 했는데 몇 번 넘어지고 나니까 무서움이 없어 졌어요. 그래서 지금은 혼자서도 잘 타요.

week 06
교과서 논술 03
느낌을 나누어요
51쪽

내 눈으로 보는 교과서 01
소리내어 읽어 봐요

1 ⑤

2 팔딱팔딱 / 껑충껑충 / 겅중겅중 / 펄쩍펄쩍 등

3 ②

4 알밤

열린교과서

1 사뿐사뿐

2 G·U·I·D·E 걷는 모습을 흉내내는 말로 적는 문제입니다.

뒤뚱뒤뚱 / 사뿐사뿐 / 성큼성큼 / 깡충깡충 등

내 눈으로 보는 교과서 02
재미있게 읽어 봐요

1 토실토실

2 ①

3 밥 달라고 / 배고파서

4 ③

열린교과서

1 고양이- 야옹, 호랑이 - 어흥, 스컹크 - 뽀옹

2 G·U·I·D·E 꼬마 생쥐가 한 놀이에서는 꼬마 생쥐가 동물들의 코를 누르면 동물들의 재미있는 소리가 났지만 사람 코를 누르면 코 안에 들어 있는 물질이 나온 다는 것을 알고 재미있게 답을 적는 문제입니다.

콧 물 / 코딱지 / 아무것도 나오지 않는다. 등

내 눈으로 보는 교과서 03
모양을 흉내내 봐요

1 ① 고개 ──── 흔들흔들
  ② 엉덩이 ──── 끄덕끄덕
  ③ 어깨 ──── 으쓱으쓱

2 ③

3 G·U·I·D·E 엉덩이를 흔드는 모양을 '흔들흔들' 이 아닌 다른 흉내내는 말로 바꾸어 적는 문제입니다.

한들한들 / 씰룩씰룩 / 씰룩쌜룩 등

4 ①

열린교과서

1 ① 까딱까딱 / 살랑살랑
  ② 실룩실룩 / 울라울라
  ③ 한들한들 / 쌜룩쌜룩
  ④ 덩기덩기 / 둥기둥기

내 눈으로 보는 교과서 04
큰 말, 작은 말

1 풍덩

2 둥둥

3 ④

1 꽥꽥꽥, 꽥꽥꽥 / 곽곽곽, 곽곽곽

뛰어넘자 교과서
소리가 크게 들려요

1 G·U·I·D·E 심장에서 나는 소리를 흉내내 봅니다.

쿵쿵 / 콩콩 / 콩닥콩닥 / 쿵닥쿵닥 / 벌렁벌렁 등

교과서 논술 plus
재미있는 흉내내는 말

1 ① 뿡, 헐레벌떡
② 우적우적
③ 뽀득뽀득

2 ① 콜콜 / 쌔근쌔근
② 살금살금 / 슬금슬금
③ 야옹야옹 / 이옹이옹
④ 홀짝홀짝 / 호록호록

week 07
영재 클리닉 02
나는 누구일까요?
61쪽

교과서 탐구
살아있니?

1 (△), (○), (○)
(○), (○), (△)

2 책상 / 걸상 / 칠판 / 달력 / 시계 / 형광등 / 교탁 / 사물함 / 쓰레기통 등

3 ③

4 ① 개구리
② 개나리

Step 01
신기한 식물

1 G·U·I·D·E 식충 식물은 곤충을 사로잡고 소화시켜서 영양분을 얻는 식물임을 알 수 있게 합니다.

윙윙 소리가 나지 않아서 좋다. / 파리가 몸에 달라 붙지 않아서 좋다. / 음식물에 파리가 붙지 않아서 좋다 등

2 G·U·I·D·E 공기정화 식물들은 대부분 키 1m이상 크기의 잎이 넓은 관엽식물로, 실내에 놓아두면 공기오염 물질과, 냄새 제거, 소음 차단의 효과 등이 있음

을 알게 합니다.

나는 산세베리아를 기르고 싶어요. 산세베리아를 기르면 공기도 맑아지고 공기가 맑아지면 기분도 좋아지기 때문이에요. / 나는 춤추는 나무 '무초'를 기르고 싶어요. 무초가 춤추는 것을 보면 기분이 좋아지고 신기하기 때문이에요. 등

Step 02
재미있는 동물

1 수학적으로 계산하면 오징어 한 마리를 한 사람이 먹을 수 있다고 할 때 보통 오징어의 크기가 500g 정도이므로 85000÷500을 하면 170명이 먹을 수 있다는 답이 나옵니다. 그러나 초등학교 1학년 아이들은 이런 계산이 어려우므로 자유롭게 답변할 수 있도록 합니다.

2 작은 고기들을 대왕오징어가 다 잡아먹어서 고기들이 많이 사라질 것이다. / 어부들이 작은 오징어는 잡지 않고 대왕오징어만 잡으려고 할 것이다. 등

3 아주 재미있는 대회가 다 있군! 하며 허허 웃을 것 같다. / 거울을 보여달라고 할 것 같다. 등

4 가장 예쁜 동물 – 고양이, 병아리, 토끼, 강아지, 햄스터, 도마뱀, 이구아나 등
가장 못생긴 동물 – 구렁이, 고슴도치, 두더지, 개미핥기, 하마 등

Step 03
나는 무엇일까요?

G·U·I·D·E 로봇 강아지와 잔디인형을 통해 살아 있다는 개념을 알 수 있도록 합니다.

1 털이 없어요. / 따뜻하지 않아요. / 살아있지 않아요. / 똥을 싸지 않아요. 등

2 진짜 강아지를 키우고 싶어요. 왜냐 하면 진짜 강아지는 살아있고 만지면 따뜻하고 보드랍기 때문이에요. / 로봇 강아지를 키우고 싶어요. 로봇 강아지는 똥 오줌도 싸지 않고 냄새도 나지 않고 털도 날리지 않아서 키우기가 쉬울 것 같기 때문이에요. 등

3 G·U·I·D·E 잔디인형은 몸통 안에 잔디씨가 들어 있어서 물을 주면 잔디가 자라는 식물이라는 것을 알 수 있게 합니다.

생물

4 잔디인형은 인형모양을 하고 있기 때문에 인형이라고 생각해. / 잔디인형은 푸른 잔디가 자라기 때문에 식물이라고 생각해.

5 다양한 모양의 잔디인형을 그려 볼 수 있다.

week 08
논술 클리닉
나만의 재미있는 일기를!
7쪽

내 눈으로 보는 교과서
소리와 모양을 흉내내 봐요

1 찍찍 / 짝짝 / 질겅질겅 등

2 홀짝홀짝 / 꼴깍꼴깍 / 꿀꺽꿀꺽 등

3 꼬물꼬물 / 꼼지락꼼지락 등

4 쫄깃쫄깃 / 말랑말랑 등

5 ① 아장아장 등
　② 멍멍멍 / 쿵쿵쿵 / 컹컹컹 등
　③ 살랑살랑 등
　④ 호호호 / 방글방글 등
　⑤ 딸랑딸랑 / 짤랑짤랑 등

논술 에너지를 쌓아라 01
넌 밥만 먹고 사니?

1 **G·U·I·D·E** 친구가 쓴 일기를 읽고 일기를 쓴 친구가 한 일을 적는 문제입니다.

아침에 일어나서 밥을 먹었다, 학교에 와서 공부를 하다가 도시락을 먹었다, 학원에 갔다가 집에 왔다.

2 **G·U·I·D·E** 친구가 쓴 일기에서 잘 못된 부분을 찾아 적고 일기를 어떻게 써야 하는지 알 수 있는 문제입니다.

재미 없다. / 매일 하는 일만 똑같이 썼다. / 먹는 이야기만 썼다. / 느낀 점이 없다. 등

논술 에너지를 쌓아라 02
난 남들과 달라요!

1 가장 기억에 남는 물건 : 발톱깎이
그 이유 : 나는 손톱깎이로 발톱을 깎는데 할아버지께서 발톱깎이를 사오셨다. 발톱은 발톱깎이로 깎는 거라고 말씀 하셨지만, 나는 너무 커서 무서웠다. 정말 이상한 물건이다.

2 가장 반가웠던 친구 : 수진
그 이유 : 같은 유치원에 다니던 수진이를 학교 앞 문방구에서 만났다. 수진이가 반갑다고 하면서 예쁜 연필을 사 주었다. 그래서 나도 너무 반가웠다.

논술 에너지를 쌓아라 03
일기가 재미있어요!

1 목욕탕에 시원한 사이다를 가지고 갔는데 뜨거운 물 속에 들어갔다 나오니까 뜨거워졌다.

2 **G·U·I·D·E** 생라면을 먹어 본 경험과 그 때의 느낌을 자유롭게 쓰는 문제입니다.

먹어 본 적 있어요. 딱딱하고 고소했어요. / 먹어 본 적 없어요. 라면은 끓여 먹어야 맛있어요.

3 **G·U·I·D·E** 부모님이 하지 말라고 말씀 하셨지만 부모님의 말을 듣지 않고 했던 경험을 적는 문제입니다.

컴퓨터 / 게임 / 롤러브레이드 타기 / 감기 걸렸을 때 아이스크림 먹기 / 늦게까지 텔레비전 보기 등

한 걸음 더
일기가 재미있어요

※ 2003년 6월 10일 화요일
제목 : 밥을 꼭꼭 씹어 먹자.

오늘 선생님께서 밥을 꼭꼭 씹어 먹어야 한다고 말씀하셨다. 밥을 꼭꼭 씹어 먹지 않으면 밥을 소화 시키는 '위'가 힘들어 한다고 말씀하셨다. 나는 '위'라는 말을 처음 들었다. 위는 배 안에 들어 있는 밥통이라고 했다. 밥을 먹으면 밥이 밥통 안으로 가는 거라고 말씀하셨다. 나는 너무 신기했다. 밥을 먹으면 발바닥부터 차곡차곡 쌓이는 줄 알았는데 배 안에 밥통이 들어 있다니 정말 신기한 일이다. 밥을 먹으면 왜 배가 부르고, 배가 빵빵해 지는지 알았다. 이제부터는 밥을 꼭꼭 씹어서 먹어야겠다.